光緒二十年歲次甲午孟秋穀旦

香港雜記

南海曉雲陳鏸勳著

香港雜記（一八九四）

香港雜記目錄

中華印務總局承刊

香港雜記

自序

大學一書首言格致誠以物格則理無不察知致則識無不周故格致為誠正之基而齊家治國與平天下即根於此此小物克勤周公之懋德所由稱夫人於日用之間大而持已待人小而起居出入俱不能須臾或離矧其為中國之外地界中西則其例殊人雜華洋則其情殊顧以不識時務者處此拘迂成性執滯鮮通不合人情不宜土俗漫謂隨地可行也能乎哉古人有言入境問禁入國問俗孟子遊齊未入郊關至境而即問大禁者以此故耳勳有見於此自肄業香江即隨事留心有聞必錄公餘之暇復涉獵西文累月窮年或

中華印務總局承刊

撮其要或記其事爰付手民一以便入世者知所趨一以備觀風者知所訪焉至其中要義則本英人沙君彼平日所記者撮譯居多用誌弗諼使閱者無忘沙君彼之意可也

光緒甲午年孟秋南海髠雲陳鏸勳自序於香港輔仁文社

香港雜記

地理形勢

南海 曉雲 陳鏸勳 著

溯香港之開在道光二十一年即西歷一千八百四十一年其始不過一荒僻小島耳地爲不毛之地兼之山石巖巖崎嶇斜曲雖竭力經營亦僅成平常鎮埠乃英廷不惜帑費街衢屋宇布置井然旣度地以居民復通功而互市烟戶雲連商賈雨集傳至今日爲地球中絕大繁庶之區而且海口則天然位置諸峰羅列夾道朝拱居奇之貿易或由別埠運到香江或由香江運往別處遂爲英國之要埠即以英國所屬之埠而論亦爲首屈一二指矣遊客道經於此幾疑爲蜃樓海市目眩神游英國輪船出海者東方以港爲接濟歐洲之域英法德三國之輪船以此爲東道主且有郵船往來新舊金山其間兌滙有銀行傳遞有電線水土甘美

地方潔淨貿易於斯者咸稱利便吾知滿載而回後可爲談瀛佳話

香港在中國之東南距內地不遠統英屬九龍紅磡昂船洲筲箕灣尖沙嘴合而成英屬之海島香港間於北緯線之二十二度十分及二十二度十七分之中又在東經線之一百一十四度六分及一百一十四度十八分之內地界北爲域多厘海口東北爲鯉魚門鯉魚門之峽口濶不過半英里而已東爲大王海頸西北爲中國海面有此域多厘海口鯉魚門海道大王海頸遂與中朝內地相分仍在廣東省圖內也

香港環而計之不過二十七英里平地約計三十方英里長約計十一英里闊由二英里至五英里大半石山巉巖由北而南半多峭壁懸崖由水而計高踰千尺其東柏稼山高約一千八百二十英尺至一千八百四十英尺山澗流泉清且漣漪雖亢旱不虞涸竭其西爲域多厘山頂名曰扯旗山山有深陷處名爲域多厘

峽由水面起計有一千二百英尺高山有二澗其一直趨而南一連三英里之遙至百步林止水注於百步林水塘足供人用其一直趨而北由黃坭涌起計距城多厘峽有三英里之遙分流爲兩澗一由北便起直透至黃坭涌地有跑馬場一由東南角起至大潭居止水注於大潭水塘其食水尤足供闔港之用試登高遠眺澗之在南北兩處者俱瀑布水瀉下飛泉掛碧峰此景如或見之

香港地多用碎石砌成間或紅坭或堅石坭路有由街道而至山頂者更有藍色石灰色石瑪瑙石明瓦石是數石者施之建造尤宜港地及九龍之石礦價廉而質美每年投價約餉萬六七千之間本港稅餉此其一也

香港之形勝由港北隅望入中朝則山勢雲連若斷若續其來龍由東至西山之高者以大磨山爲最約三千英尺昔中朝守兵多寨於此山勢由北一路環繞中朝恰爲余靈山之案臺直穿廣東廣西兩省在大磨山之東則見英屬九龍居港

口之北與域多厘城東便相對峙英屬九龍地僅兩個半英里之長由唐地界起横計則有兩英里統計其平地則有三丁方英里惟南之紅磡東之駱華不在此論由九龍之南方尖沙嘴計隔香港約有一英里零八份一之遙英屬九龍山勢不高草木不秀地原磽瘠惟石之產甚佳香港地勢居珠江河口因而為中國南省之津門距省城九十英里之遙域多厘山頂由水面起計一千八百二十五英尺高每於天朗氣清之日由山頂一望西北則見省城河口眞有長江天塹之概靈濤之島內有高山厥名礮臺山港之西北界也域多厘城在域多厘山下香港以必打步頭為正海門西人雲集其間輪船由南方而至及歐洲而至者入口從西輪船由中國北洋新舊金山及日本至者入口從東路經鯉魚門若輪船入口從東南先見香港山背難辨其為香港之山幷難辨其為鍾靈毓秀之山蓋山背原甚零落所見者若百步林則有西人之屋宇數間若域多厘山則有報船之址

旗一杆若輪船入口從西北先到秀路化海道有島名青洲海上有三面報風燈
塔明示人以入香港之道輪船由秀路化海道漸由香港之西北迤邐而東轉入
港口則正面爲域多厘城見香港形勢直如一幅畫圖懸在目前令人神爽回首
望香港之北一連四英里之遙由海面計至六百英尺高又見樓閣參差連雲比
屋疑爲海上之三神山再望海中至英屬九龍而止則見各國輪船貨積如山或
起或落輪船之可以一望而知者則昌興公司或花旗輪船公司或佛蘭西輪船
公司或鐵行輪船公司或鴨家輪船公司居多別行之輪船亦不少但望其旗號
看其烟通如藍烟通則知其爲澳國輪船紅烟通則知其爲軒度甑拿輪船並各
處唐人渡船亦在其間唐人之渡船齒排行列唐人之工役熙來攘往背負肩挑
或起貨或落貨川流不息渡船當起程時滿載貨物高扯㡘帆整頓單火燃乃炮
鳴乃鑼燒乃紙意者先祈平安抵埠然後鼓浪乘風於烟波深處一路駛入中國

內地云

香港海口以東爲停泊戰船之所於春冬二令若大戰船若小戰船若緝私船或屬英國俄國法國德國義國意國中國日本國澳國呂宋國即日國葡萄牙國俱有停頓並有小輪船者來往於香港九龍油麻地筲箕灣尖沙嘴紅磡等處若男若女若老若少若商若賈不絕如蟻誠爲別埠所無由東一望則爲鯉魚門乃由東入港之要路由西一望則爲靈濤島乃由西入港之要路兩處相朝其中港海可以爲一英里至五英里濶十英里長之湖當天空晴霽時望入中朝之南則羣山錯雜最高者爲馬鞍山回望東北海濱則極目天涯僅露一海島名爲必度羅柄洽高島相去有五十英里間望至西北則見砲臺山之左浩渺無涯水勢汪洋此水透入省河其水路之狹窄異常名爲汲水門西南一望則無窮小島盤繞中朝海口欲窮千里之目者亦至此小島而已由省到港路經汲水門則先見香港

之西其山有域多厘山爲香港形勢之首當光緒九年卽西歷一千八百八十三年時寶雲港憲曾稱香港爲地球東便之截波路打及摩路打云蓋截波路打及摩路打者乃天下最險要之砲臺也彼游客不知地利者則以泛泛視港如稍知地利者則謂港爲中朝南七省咽喉之地王公設險以守國棄如敝屣惜哉惜哉裙者唐人稱爲裙帶路亦非無本緣唐人渡船由東便入者遠望香港斜路如裙帶然因此路名裙帶至西洋人名香港爲賊島者蓋港中爲大島有數小島擁護於其間爲中國海濱之門戶是故巨盜以此爲淵藪歟昔東印度大公司之初至省也其船常取水於港之瀑澗其澗居百步林及鴨巴甸之間瀑澗之水先流石上盤石參差畧一停蓄再瀉海灣每當春雨淋漓如瀑布懸空因此名爲飛泉此水之清潔久矣著名舊時唐人之渡船海賊之扒船多取水於此是水也取之不禁用之不竭味之彌永因名之曰香港香港之得名以此

開港來歷

計香港於道光之二十有一年辛丑歲即西歷一千八百四十一年始送與英人其地原屬新安縣九龍司欲窮香港之事蹟本寥寥無幾不足當大雅之一粲則追尋原委乃得其詳此埠至今六十年間成一富庶之區其始由英人至省貿易中朝舊例惟省城始準通商是以輪船之由地球東南往省城者必道經於此遂望港泉因而取水其水甚佳因是不能忘情於港昔有二船名亞嗲士地及纏也載護夏士公爵欽差人員及東印度公司緝私船二艘名地士加佛里及硯威士地機度載頭等寶星士丹頓及書寫通事等共船四隻欲進北河適於嘉慶二十一年即西歷一千八百一十六年七月十號至十三號偶爾灣泊香江中有亞卑路同欽差人員等周遊香港統覽情形後亞卑路曾述於人云港地荒涼直如古木無人徑只見兩笠烟簑數漁翁撒網於此得魚則晒於石上以此度活而睹其

形容則受盡風霜不少矣所見止此云

計西歷一千八百一十六年至一千八百四十年香港仍未有開埠之舉所有東印度公司洋藥快船悉寄椗於此然後漸入黃埔後效尤者衆各船俱援以爲例香港之地勢遂爲停船之港英人以爲爰得我所航海者亦羣美爲樂土云考香港之故典其始英國與中國貿易致有戰爭因戰爭致有割據緣英國東印度公司曾與英皇家立有合同往中國貿易之權以二百年爲期迄西歷一千八百三十三年止期滿後英廷弛禁任各商往中國貿易止受駐省之商務大臣管束因此英廷於九月十號命公爵納鼻夏名威利林尊者爲英國全權大臣十月偕葛魯頓爹鼻士二人至省此二人者在昔曾爲東印度公司之驗貨官今則爲左右副商務大臣三人遂駕戰船顛頓麥越年七月十五號始到澳門到澳後葛魯頓因事回國遂以爹鼻士爲左副商務大臣廿三號正副商務大臣暨參贊通事等

即駕戰船顏頓麥駛往虎門下之全壁寄椗納鼻夏向在英京時已領有理藩院彭夏士頓密意凡英國戰船戒入虎門內止寄椗於虎門外二十五號納鼻夏與三板到省面禀督憲自述英國使臣是上理藩院文憑現充駐省商務大臣之職督憲拒而不納并詰責各洋商行長伍子垣葉撫田盧文錦等何以洋人未有護照任令擅自入城飭各行商着納鼻夏往澳門倘稍遲延刻即停止貿易九月二號督憲旋發兵一旗駐紮十三行徧示行商不準互易復撥水師練兵數艇不準供給洋人伙食納鼻夏即求救於嚴毛賤顏頓麥二戰船此二戰船向寄椗於全壁全壁距虎門幾咫尺二戰船直入省城停泊黃埔納鼻夏意唐之官軍大爲震動而安堵如故殊無張皇氣象逼令納鼻夏往澳二戰船駛回全壁始行互市蓋納鼻夏意忖必須身離省城市始方開也而往澳之意遂決是時唐官亦準其由內地往澳納鼻夏於九月廿六號往澳因意外延阻廿九號十三行一帶始市復

如常納鼻夏因有寒疾於十月十一號去世爹鼻士承乏其缺仍駐劄澳門時中朝未知爹鼻士之補是職也而理藩院亦未準爹鼻士之補是職也所有中英交涉事務不敢作主各事殊形棘手遂於西歷一千八百三十五年正月自行辭職所遺正商務大臣之缺以頭等寶星羅便臣補之亞士他路爲左副之參贊二律爲右副之正月二十二號英國帆船亞機利船主馬當路由檳哥路往澳門道經善尊海島寄椗於此島之東船主欲過澳之沙坦尋一先導之人令火長一舵工二水手九溯洄上下不料島中有强徒奪獲三板監留火長舵工水手等衆致函勒贖銀五百維時船主措資未便逼不得已迂道往澳二十九號始至面陳此事商務大臣會議簽稟給印二律即偕船主馬當路通事郭士拉晋省入城面呈督憲半途而遇巡兵突被毆擊後走至武營將稟呈上以武員不納爲辭擯之門外越半點鐘之久洋商行長盧文錦至引見督憲委員復將稟呈上委員答以此是

書信體裁非稟詞欵式亦擯之門外通事毆以事關人命中國宜設法保護洋商而委員已莅如充耳矣二律等抱慙而退後唐官聞是事也亦立即嚴辦於二月二十六號經將所擄之人一槪在澳門交回羅便臣於十一月由澳而遷於伶仃島蓋商船之到黄埔必須往商務大臣處先領牌照方能晋省伶仃島爲必經之路較澳而更爲利便英商亦咸以此舉爲善此伶仃島在虎門外爲唐官管涉所不到亦與澳門之受制西洋者有殊因此英商自行保護可無掣肘之虞自後凡洋船往來俱寄椗於伶仃或蘆濤或香港惟伶仃島當夏令風狂時船多不便越年春令西商會議凡商船之來此貿易者擬寄椗於香江商務大臣亦聽其自便十二月十四號理藩院彭夏士頓公爵發有文書自後商務大臣之缺擬裁撤去所有商務交二律辦理二律即於是日呈上鄧撫憲公文上用唐文寫一稟字交省洋商行長代爲轉致內云現蒙英廷批准允爲英國駐省欽差求準在省駐劄

得以襄辦公務撫憲特飭行商轉諭二律令其暫寓澳門俟入奏後上達 天聽始準在省駐劄西歷一千八百三十七年三月十八號奉 上諭準二律駐劄省城辦理商務此 上諭由海關轉達二律并諭二律仍遵守駐澳時之舊矩無事時不得徑入城裏肆行遊玩其時海賊蠭起不獨省城爲然即澳門鄰近亦道途頓塞是以欽差求英廷多撥一二戰船保護洋商俾欽差得以照應是時 中朝皇帝命省督撫陳奏洋藥利弊後奉 上諭嚴辦洋藥所有西商之貿易洋藥者概離 中朝地界九月廿九號省憲督撫中飭二律凡洋船之載洋藥者嚴禁入口二律答以此事非欽差所能妥辦蓋洋商之貿易洋藥也在昔西歷一千八百二十一年時已領有撫憲文憑準其在伶仃黃埔省城寄椗十一月二律復接坪藩院彭夏士頓文書命自後致書督撫無庸上寫稟字二律即通知撫憲撫憲大爲不悅不準所請是以二律不能駐省退回澳埠西歷一千八百三十八年七月

十三號水師提督蔑連乘第七十四號坐駕船和立士利偕戰船亞利稼連至澳二律即往坐駕船拜謁蔑連偕蔑連往銅鑼環距虎門之南約二十一英里命洋船之貿易洋藥者暫停於此二律邀撫憲偕往週覽戰船撫憲斥責謂自後文書永絕往來必寫稟字始準收納適帆船科路近之船主差度蔑士轉搭別船名逢卑由港至省路經虎門虎門炮臺以炮擊之後着弁兵到船查問盤詰此船有載蔑連暨戰船之英兵否答以未有始準放行蔑連時紮銅鑼環聞之即揚帆抵虎門龍吉是處有中國水師提督關天培者有謀有勇之員也遣人傳說謂二律不恭文書不寫稟字但寫書件二字且無故督率戰船灣泊龍吉有違和約之條蔑連答以船之灣泊龍吉者乃詰問何以藐我英廷查我船隻辱我本帥之故至戰船之督率緣東印度公司合同已滿今之貿易者俱歸英國皇家保護戰船往來本爲保護洋商之計是年督撫二憲時有奏章陳奏詳論洋藥之弊洋商亦每有

條陳論洋藥消流已久求懇照前貿易惟唐官堅拒之越年正月鄧撫憲徧張告示傳諭洋商所有貿易洋藥一概驅逐自示之後如查有賣洋藥者立行正法日發數委員奉　大皇帝示諭時刻搜查叫囂驚突鷄犬不寧其意蓋欲務絕根株云二月廿六號時有一唐人因販洋藥而被獲者訊供後一羣兵役牽犯至十三行洋商處正法所有洋商俱下旗致吊三月中國欽差林則徐者復出告示二一與行商一與洋商檄令將洋藥全數繳出如違令以洋藥進口者處死三月廿一號所有在省洋人不準往澳又不準書信來往黃埔又發兵丁屯紮十三行二律時在澳門方恐中國戰船捕截虎門不能來往即須往省城欲救英商之被困者洋商之售洋藥以未士甸爲最林欽差命拿此人到見二律謂林欽差曰我能致此人來見但須訂立文憑不準逗遛此人時唐人之雇洋工者一概不準服役又不準供給火食所有洋行盡行停閉蓋無異監禁云三月廿五號二律親囑在省

各英商預領船票以便啟行越日接林欽差行文所有英商之洋藥概行繳出又越日六點鐘二律諭令各英商將洋藥繳出由英欽差轉繳與中朝欽差緣二律領英國意旨將此重任肩擔一身也各英商之船灣泊伶仃黃埔者計有洋藥二萬零二百八十三箱四月二號林欽差再行文與二律擬所交洋藥四之一者準其用唐人服役四之二者準其用船隻往來四之三者準其在省垣貿易全交則規矩如常倘有違命則三日後食水不供再三日後則伙食不供再三日後則重懲二律四月五號林欽差集各西商訂立合同自今以後不準載洋藥入中朝內地違例者一經查出先將船隻洋藥一概充公復正本人以大辟之刑十號林欽差偕鄧撫憲親至虎門驗收洋藥奈烟數太多移運稍遲至五月四號始畢乃事越日洋務復開所繳之洋藥計值銀六百萬有餘燒去洋藥由五月三號起至廿三號止每日燒洋藥約千箱林欽差親督差役在清溝辦理此事其地去全壁有

五英里之遙林欽差之意復慮及洋藥一棄海中羣魚受害乃掘坑之陷者三長一百尺濶七十五尺深七尺先打木樁次塡白灰雜以碎石三面環繞止留一門日夜着人看守每坑先入清水二尺將烟搗碎後投入坑中役等二隊有由坑口用乂將烟翻轉者有由上面撒灰及鹽者烟經化後色如糖膠始開栅流入小涌英商終日困在行中廿三號二律偕各英商由省往澳如此驚險之事至燒烟爲止二律暗中細忖自後或英商或英船在省界內斷不能安寧除非英國皇家及中朝大皇帝理論必須畛域不分始得平安林欽差久欲奏聞　皇上洋藥已禁絶洋務復開而仍未敢離一步省者蓋恐去後烟禁復弛也斯時各商船之聚集香港不下百艘時有水手上岸遊行者七月七號果有因毆致命之案蓋卡拿敵及孟稼羅之水手在港內小村殺斃一土人是時英船之泊此港者咸議此事林欽差决意檄二律交凶二律卽來港查辦於八月十二三號在科威利林之船

拘集細訊審出二人果有縱橫之事定拘回英入獄嘗苦工三月另每人罰銀十五磅又審出三人果有縱橫及誤驚士民之罪每人定回英國入獄嘗苦工六個月另罰銀二十五磅英國之刑法在中國界內定者自此始也此次定案林欽差大爲生氣在香山之地距澳門四十英里者統有軍士二千嚴示各處不準人供給伙食與英人如供伙食與英人則澳門之伙食亦不準供澳門之撫憲出有告示言本撫憲無權不能保護英人并不能供給伙食與英人二十六號下午英人自攜軍裝揚帆而去邈無異於逐客云

適有英國兵船名和利智者船主名士蔑九月到省與省督商議凡英商之入中國者欲在全壁起落貨物十一月三號二律適在全壁商議此事久而不决時英船共二十九艘俱受英提督節制泊在全壁下之炮臺間二敵相視如讐惟英提督遇事謹慎晚後唐人渡船隻俱不準往來於此迫後果有意外事不出英提督

所料和利智及叟仙爻二炮船竭力維持得以平安無事唐人即議截斷往來之路且以船載火具直逼英船如周瑜之破曹軍也事爲二律所知即令各船揚帆駛往銅鑼環距澳門二十英里而商船則欲灣香港至西歷一千八百四十年英人貿易於省者大爲不便二律領英廷意旨改求澳門之撫憲準欲在澳上落貨物并租貨棧納囘稅餉與葡萄牙而未蒙批準緣西洋素畏唐官之威且被唐人恐嚇不準供給火食帮助英人等項正月十四號　中國皇帝諭旨行文各國洋商不準保護英人如有保護英人及轉護英商貨物一經查出其罰非輕後英國皇家與東印度公司會議令其進攻省城軍餉由皇家支給英軍六月到省兵船十五艘輪船四艘渡河小船二十五艘另有步兵四千俱歸頭等寶星庇林麥節制二律欽差行文中國說英國皇后着欽差查中國事情庇林麥亦出有告示傳諭英商其意謂省城河口已封不能來往此次出師皆因英國乃是教化之邦權

由自主不受別人約束何以虐待我英人如此幷索補停止貿易之費且自此之後不得如前之虐待英商云云　中國皇家未有妥議不得已而交戰河口既封後庇林麥駛往厦門是處兵弁先欲環而攻之庇林麥即下令進攻炮臺相持約兩點鐘之久英軍大捷庇林麥乘有座駕船名和拉士利駛往焦山汀海限以六點鐘之久刻即投降七月五號禮拜早唐人始修築炮臺元帥行文撫憲訂下午兩點鐘時開炮對壘如回炮則開戰如不回炮則作投降後兩點鐘開炮岸上之炮臺與水上之戰船俱回炮一時戰船火炮聲振連天後英兵上岸直登城基插英國之旗架炮四尊攻入城內唐人仍時有回炮者直戰至十點鐘之久知縣中炮而亡撫憲亦投海自盡繼三閭大夫之後之二子者洵不愧殺身成仁歟是時水師提督二律於七月五號抵焦山封禁寧波之海口寧波與焦山相對峙由寧波楊子江一帶盡爲英船所盤據是以英國理藩院之戰書唐官無由傳遞到京

至七月下旬事仍未妥二律發大隊戰船駛上北省八月五號抵北河口距帝都
不過一百英里是處之撫憲乃祈善者宗室之帝胄也接到彭夏士頓之戰書卽
着人送火食往戰船求限十日人情以便相議和好事二律允肯八月廿八號祈
善與二律會議仍然不妥再求人情二律準暫緩兵祈善度此事由粵省搆釁不
如仍回該處理論始能息事二律首肯　中朝皇帝責成林則徐謂此事由該督
起釁至今禍延別省不可救藥卽着拿京問話命祈善爲兩廣總督如此設法寬
之以時日爲祈善者可以措置裕如矣西歷一千八百四十一年　中朝皇帝頒
有
諭旨命各省督撫所有洋人稟詞槪不收納凡洋船之入口者發炮勇戰不
得畏縮正月九號英國戰船定計攻虎門所灣之處距虎門約三英里明車輪船
若南馬士若頓打㧓士若馬打加士架載運英兵中有一隊水兵一隊炮兵一隊
步兵一隊二十六號之營兵一隊四十九號之營兵一隊三十七號之炮兵另有

一隊鬪勇共兵一千四百名悉歸副將扒拉統帶大炮四面環繞向軍之衆處遠
攻南馬士及皇后輪船供給炮藥及彈子是以炮聲不絕有戰船高利合及夏仙
爻及郎利歸頭等寶星哥拔所管哥拔受水師提督之命以開花砲直攻蓮花山
用戰船和拉士利及戰船四隻三罵冷務爹士地兒劣高林邊守禁河口唐人見
步兵進岸卽揮旗發炮步兵每以炮相迎皇后戰船用六十八磅之炮南馬士用
卅二磅之炮遠攻炮臺與步兵相輔而行不踰時而炮臺之力不支爲英兵所奪
竪英旗於炮臺之頂餘各處之炮臺被三英船斷截俱不聞有消息唐之官軍退
入木林炮臺爲英兵所據旋又奪回血戰一塲勇氣百倍而仍然力不能支大虎
炮臺亦爲所奪水兵及水手爭先進岸如風之掃落葉英船直駛往顏順灣官軍
戰船聚屯於此擊沉其十一艘南馬士用火箭遠射焚及官軍之坐駕船官兵水
手俱被焚傷此次死傷不計其數傳說有五百之多步兵進岸直逼炮臺提督關

天培揮旗請暫緩兵三日待與祈善商議二律許之遂立和約於全璧其時西歷一千八百四十一年正月廿九號事也和約有四欵其一香港之地盡讓與英其二軍餉六百萬補回與英其三文書來往俱作平等論其四省城貿易在唐正月上旬內開復如常正月廿五號頭等寶星畢拉同英國官員乘英國兵船修路化抵港旋即望闕賀英皇后復竪英旗於摩星嶺以畢拉爲陸路提督以卑林馬爲水師提督以商務大臣二律爲總督并全權欽差海上燃炮致賀正月三十號示諭居民自今以往港屬於英即歸英國保護所有子民不易其俗規矩則恪守英國自有之利自主其權不受人挾掣其爭鬭細故則歸巡理府審辦商船之貿遷者廛而不征其取香港也原爲船隻停泊之所至於開埠通商數月尚未有意不數年而商賈雲集日上蒸蒸則出意計之外矣祈善既割港與英　中朝皇帝仍未以爲定議西歷正月廿七號復降　諭旨云云覽悉祈善之奏中云英人已佔奪

數年遐邇皆知然仍逗留省城者蓋欲設法驅逐以爲贖罪之計覽奏之下姑如所請是以調集各諸軍協濟今恐其奸所言實屬大謬卽令拿京問話獄成幽諸禁室籍逮其家關提督革職留任責以無才仍留報效後關提督在船戰沒以身殉死咸謂其忠於王事云祈善所立之約中朝不以爲然英廷已深恐其謀蓄意先攻虎門載大炮三尊進攻廣東之南二月廿六號發炮攻城輪船皇后鼻冷謙麻利路自十一點鐘開戰官軍在新築之炮臺同攻英船發開花大炮官軍之力不支頭等寶星善后士帶三百英兵進岸至一點鐘時英國之旗插在砲臺矣戰船高里合守其西路三孖冷荷李露阿里基道截其北路和立士利地律巫地士利進攻西路一帶防兵官軍之炮自十二點鐘起已絕無回響英兵列隊進岸第二十六號及四十九號陸軍歸伊利士督帶三十七號水軍歸總兵打虎及阿美督帶翌日英之巡船督帶哥拔敗唐兵一隊約三千餘人官軍紮在河邊大炮林

立約百餘尊相持甚久英兵此次之死者不少官軍之氣復爲之一振惜兵力尚屬少短卒不能支英兵承機樸岸進攻炮臺適爲所奪　中朝皇帝聞其數早已失也天威震怒頒下　諭旨將祈善卽行正法命楊欽差到省督師拒敵惟開仗數次亦多失利英兵屯紮十三行楊欽差議和準各西人在省貿易并戰船屯紮海珠和議後中西頗見洽睦而唐人之心憾仍未息招募營勇修築炮臺二律作閒消息吩咐各洋商速離省地各洋商不敢違命速卽離省五月二十二號唐人用大杉排儲滿火藥直逼戰船四戰船以大炮轟之沉其杉排三十九戰艇三十九有二千軍士乃督標營兵屬奕山所統死者不少廿五號省憲着一官員到船議和二律索補銀五十萬以爲贖省城之費令滿洲旗兵離城六十英里但滿洲旗兵乍爲退步而潛伏山頂爲英帥哥虎所窺廿九號潛以重兵擊之唐兵死者千五傷者五千英兵死者十四傷者一百二十名卅一號唐人以銀五十萬贖回

省城至香港之議與英人仍未有實意迨後因立南京之和約　中朝皇帝着耆英伊乍浦爲欽差全權大臣與英欽差璞世爵會議始訂和約一將香港全讓英人二准英商在省城廈門福洲寧波上海等埠貿易三補回銀六百萬以爲洋藥被繳焚燒之費四補回銀三百萬以爲英商被累倒盤之費五補回銀一千二百萬以爲英兵軍伙之費其時道光廿二年九月廿四日卽西歷一千八百四十二年十月廿七號事也於是英欽差頭等寶星璞世爵爲港督幷北京全權大臣駐劄北京二律副之在港代攝其篆履任視事未幾解組歸田尊士頓承其乏旋將港地分爲五十一段招人投夜冷每段之價低不過六百元高不過二千四百元後理藩院寄有文書謂全璧之和約未實着停止喊冷欲再着二律回省旣而和約已妥璞世爵由京回港徧張告示云香港乃不抽稅之埠准各商貿易而港埠始開洋行約有數間漸至數月日增式廓矣

國家政治

香港之政治由督憲總其成而有二局以佐之一曰議政一曰定例議政局之官員有六若陸路將軍若輔政司若律政司若庫務司若華民政務司若工務司而卓奪者在督憲一人定例局中官員居其六紳士居其五紳士五人由皇家遴選者三三人中二西人一華人餘二人由公衆推舉一由商務局一由太平紳士凡紳士之膺局員者以六年爲期蓋香港律例即英國律例也乃一千八百四十三年四月五號所定其中或損或益則因時制宜與時變通開埠之初由一千八百四十一年至一千八百四十五年八月十九號所有通港大小獄訟俱屬正商務大臣定案商務大臣之主刑名自一千八百三十三年始至一千八百四十五年止後刑名則由臬司審判至一千八百七十三年復設副臬司一千八百四十二年八月南京和約既立後璞世爵回港爲督憲兼商務全權大臣旋設議政定例

二局及各衙門幷將港地招投以七十五年爲期始有日報館二間曰依士頓合
祿曰諫當厘志士打一千八百四十三年開創是年有倫敦教會羅馬教禮拜堂
摩羅廟九月行商伍子垣歿一千八百四十四年六月頭等寶星爹鼻士爲督憲
八月廿一號註冊之例始議設驛務署傳遞祖家公文書信一千八百四十五年
二月二十號德臣日報開張一千八百四十六年三月香港仔石排灣有八十餘
賊明火持仗行刼村民督憲慮賊之横行也命居民自備軍火而無事不能携帶
出村外一千八百四十七年三月督憲衙門及聖尊禮拜堂始建一千八百四十
八年三月十九號文咸督憲抵港接篆視事八月三十一號巨風起於香港澳門
及省垣等處在港海面則壞船隻十三艘屋宇被摧毀者數間近港小村亦遭此
刼澳門則倒塌六十七間傷人不止百數省垣尤慘十一月因船例爭執渡夫二
水師巡差一相爭致鬬因鬬致命渡船多有離港一千八百四十九年三月一號

有兩弁員在港之南黃麻角鄉被水賊趙保殺斃拘案定罪自縊於監六月七號澳門會景舉行有本港辯正教人名冼夏士者逐隊遊行道經葡萄祖廟不免冠致禮為葡兵所執適英國兵船在澳船主二一名結保一名羅拔智尋回冼夏士並傷葡兵一名八月廿三號澳門撫憲被華人謀殺是年水盜橫行幸水師總兵狄熙實力緝捕拴獲解案者數宗盜風少息一千八百五十年六月總督欽差全權大臣文咸因公事往上海一千八百五十一年二月副督憲士秩華利調往印度四月乍威士承乏其缺八月九號商務大臣之先鋒郭士拉在港仙遊十一月東藩銀行始開辦滙理事務十二月廿八號西營盤遭回祿燒去唐舖四百七十二間死者三十人一千八百五十二年四月總督文咸告假回籍副督憲乍威士暫署是職八月有傳教士荐尼士在石排灣被兩唐人謀殺自一千八百五十二年至五十三年海盜復猖存案者七十餘宗最為慘目者鴨家火船船主伙長搭

客共十二人俱被唐人水手謀殺一千八百四十八年香港居民不過二萬一千五百一十四人一千八百五十三年則有三萬九千零一十七人是歲値甲寅之變紅巾煽亂省垣騷擾亂時良民固多遷往以避地亂後反賊又多奔港以逃亡有佩帶寶星之英員欲禁絶洋藥於香港進策　中朝求　大皇帝加重洋藥稅餉後察香港情形洋藥一禁商務大有窒礙且專心竭慮欲求唐人所以食烟之故而不得其說遂作罷論先是秘魯招徠華工之事一千八百五十二年此風澳門已自盛行香港亦漸染此弊後因在船敗露督憲深知其用意不善非爲招工計也力禁此弊習此業者轉而招人往舊金山總督文咸與鐵行公司訂有合同令自一千八百五十三年正月始每月祖家郵船二次是年公家花園始建經之營之不遺餘力矣計港地水土之惡最毒者在一千八百四十八年五十年五十一年五十四年營兵多染其毒恆有痢疾及發熱等症尤甚者一千八百四十八

年時全埠俱染後商民竭力設法務治得以無恙而最得力者尤在洗甸因是一千八百四十九年二月管兵特製一銀杯以酬之用誌大德不忘焉一千八百五十四年五月十三號布凌由駐省領事陞為港督六月修築炮臺緣是年將與俄有戰爭之事故有戒心一千八百五十七年有唐人名阿林者僱工於麵飽房謀毒西人以洩其忿惟用藥過多一食即時嘔吐其謀遂洩然發覺即遁事後亦無有能獲之者一千八百五十九年水盜猖狂刼案層出港憲命總兵高彧露統帶兵船三艘進勦跡至澳門之海口沉其賊船二十艘擊斃賊二百餘名五月港督布凌回國堅協臺暫署八月英廷命羅便臣為港督一千八百六十年十月二十四號公爵衣利近會唐欽差全權大臣二員於北京立天津和約奉　中朝大皇帝命將九龍海股送與英國永為香港屬土先是駐省英稅務司北架承粵督命將九龍海股批與英人及既送後將此批註銷羅制軍之在港實心實力為國為

民設庠序則建中環大書館延史安爲先生惠閭閻則創街市於民間命稽辦爲市正他如驛務之設其始本爲傳遞祖家文件至是特設衙門幷代商賈通傳信息利權爲之一開一千八百六十五年二月有强盜一羣蓄意圖謀西印度銀行之銀庫因是租隔鄰土庫先掘地道直透銀倉盜取銀紙十餘萬及金磚十數件事後無從追究三月羅制軍由港陞往西冷輔政司孖沙暫署一千八百六十六年三月十一號英廷命麥端露爲港督下車伊始整頓章程於定例局添設一紳爲局員幷頒行註册新例是時水盜仍然不靖會商水師提督進勦並移文粵督協辦盜風稍息其時賭館叢集官憲方欲力禁此弊而差役疲於奔命議者咸欲此舉成餉官憲俯順輿情姑如其請輿情爲之一慰三年之久餉項至有三十餘萬迨後羣情翻然思改官憲遂將此餉牌註銷以所入之餉項撥與東華醫院以爲助費麥督憲之體貼民情有如此者一千八百六十六年至六十八年港中生

意洽後加以新例餉銀二萬磅永供陸路軍餉之費於是始設印務局至一千八百六十九年船務日生意漸旺是年麥督憲告假回國將軍威飛路暫署其缺三月十八號蘇衣士河始通船隻之由歐洲往來亞細亞洲者比前甚爲利便路半而快倍生意場中消息易通一千八百七十二年麥督憲卸任英廷命堅利德爲港督四月十六號抵埠接篆視事因蘇衣士之河既通且港之電線往歐洲各埠者一律竣工商務日有起色堅制軍因居民日增水不足於用遂有設大潭吊水塘之議復於山之空曠處及街道之近山者偏栽樹木於人固得所庇蔭足以舒暢其精神而山之景色遠望者亦覺葱蘢可愛不致一望濯濯一千八百七十四年九月二十二二十三號颶風大作水上船隻陸上屋宇爲風雨飄搖者不知凡幾誠居民之大刼也颶風又折往澳門其船隻屋宇亦無異於香港惟澳門則既經此浩刼後許久未復原形視前日之興旺不無今昔之感一千八百七十七年

堅利德港憲卸任居民念其政因思其人思其人因鑄其像竪於公家花園如羊叔子峴山之碑以誌永矢弗諼云四月二十二號燕尼斯為港督其視華民也愛之如子為歷來之所未有一千八百七十八年九月二十五號盜刼永樂街之金舖十二月二十五號香港大火焚去屋宇三百六十八間燒斃人命數口是時潔淨事務未臻妥善燕制軍詳奏理藩院後英廷命察域為欽差到港查覆始開辦大潭右之水塘及更改暗渠一千八百八十二年三月七號燕制軍卸任輔政司馬樹暫署當馬樹之署港督也接理大潭右水塘遷建域多厘書院銅鑼環下創建避風之灣九龍島中特設天文之臺餘及水師巡捕差房凡前督所舉行而未竟者無不克終其事一千八百八十三年三月三十號港督寶雲抵埠攝政未久即舉行潔淨事務特設潔淨局推官紳辦理一千八百八十四年輪船名思連巧由港啟行鐘約數點離港未遠為賊所算羣匪度船之必經此地也半途而要之

殺其船主衆諸海船中貨物席捲帆揚後水手駛船回港無從追究一千八百八十五年寶雲港督卸任輔政司馬樹復署是缺潔淨局慮香港有人滿之患督憲着官紳妥議以正按察飛列布爲主席查悉後覆稟港地人數本多但變通之法莫若新塡海地由下環兵房至西營盤可增兩英里之廣於是富商車君打力贊其成塡海之舉遂行一千八百八十六年四月署港督馬樹辭任將軍金美輪暫署時奸民作弊多有携帶私烟往省者　中朝特發總税務司赫公德偕道憲蘇到港督憲命副按察黎瑞會議印度轉託便連盡妥辦後副按察設一議凡洋藥由港往省澳者必先報册九月十一號始簽立合同此例既行走私者無從作弊一千八百八十七年十月六號傅福到港爲督憲適製造種植礦務各有限公司日增督憲以爲商務大興詳奏英廷後理藩院以香港爲可增軍餉也於是前之二萬磅者今則四萬磅矣十一月九號英皇后在位五十年盛典華民感其德政報

答未由幸適逢其會多有題錢以助慶繪景象之太平者蓋其麗不億云是時港地多回祿傳制軍特設火燭之例凡起火之家必傳到案訊問一翻若未經案訊必發差人看守一千八百八十八年中英會議於港之南離四十英里處特設燈塔俾晚間各船使於入口至九十二年始畢乃事夜候登高遠望渺渺烟波一點紅光與漁火相映香江又添一景色矣一千八百八十九年五月廿九號天大雷電以風大木斯拔雨水高至四五尺山頂銀濤直瀉狀如萬馬奔騰泥沙并下大鐘樓口之石水渠突然爆裂沙積五六尺成壹小山街衢阻塞此次費國帑約有二十餘萬傳制軍於一千八百九十年二月十九號告假回國輔政司花林明暫署三月卅一號英國太子偕夫人由印度回京順道遊港制軍躬迎道左唐人之總理值理東華醫院者衣冠濟濟以得一瞻丰采爲榮一親雅範爲幸宴設高陞戲園宴以唐禮恍見中西洽睦天下一家氣象適是時壎海舉行四月二號太子

親爲之下不猶有天子親樹皇后親[illegible][illegible][illegible]於是車君打起而言曰港人久蒙太子恩威今者有勞貴手他日者履道坦坦當名以太子之名不忘其始一千八百九十一年南澳輪船由港啟行不過五十英里被強盜十數人先僞搭客也者約於午餐遙見賊船接應舉行暗號鎗斃船主嚴守吊橋挾制車房綑綁搭客搜括一空船遂駛回香港事後省港兩憲嚴辦此案獲盜數名訊問時供稱七年前曾經刦惡壓巧者遂正法於九龍城自經此次嚴辦後寇賊奸宄不得復在香港匿跡二月傅制軍假滿回港是時種植礦務各有限公司有日下之勢生意漸淡滙水漸低逐利者流日以炒空頭期股份者爲事局紳祁域在定例局立論禁炒空頭期股份之例遂行五月七號傅制軍卸任回國將軍柏架暫署十二月羅便臣制軍抵埠攝政後暨頓商務不遺餘力撙節用而復愛人他日後澤深恩必將次第舉行者矣

稅餉度支

香港人民之日盛因而稅餉之日增港無關口之設是以無貨物之征所得稅餉俱民間之牌照及銀行之紙契劵之印捐屋宇之抽稅港地中上下三環即域多厘城差餉則按屋租每百元抽銀十三元山頂每百元抽銀八元七毫半英屬九龍及各小衬等每百元抽銀七元輪船所載之貨每擔收回兩仙士兩仙士內其一仙則以爲修整燈塔之需洋藥爲香港獨擅利權餉費不少總計香港之稅餉於一千八百四十七年有三萬一千零七十八磅至一千八百五十四年稅餉不相上下至一千八百五十五年增至四萬七千四百九十三磅越年仍減至三萬五千五百磅又越年而復增至五萬八千八百四十二磅自是年起計遞年加增至一千八百九十一年時有二百零二萬五千三百零二元以每十年比較一千八百六十一年稅餉有六十一萬零七百五十七元支去費項五十二萬六千

二百七十四元一千八百七十一年稅餉有八十四萬四千零七十九元支去費項有八十九萬六千零四十元一千八百八十一年稅餉有一百三十二萬四千四百五十六元支去費項有九十八萬一千五百八十元一千八百九十一年稅餉有二百零二萬五千三百零二元支去費項有二百四十四萬九千零八十六元自一千八百八十八年始每年所入不敷所出之處緣每年須撥銀四萬磅以爲兵餉之度支較前之止撥銀二萬磅者倍之矣香港於一千八百八十六年曾揭英京銀二十萬磅於一千八百九十一年已存貯三萬四千零五十三磅有奇度計至一千九百零七年三月一號儘可本息清還至四環更練之費唐人於一千八百九十一年簽有七千二百零九元七毫六仙士皇家復助銀二千元此二項足供更練之費至本港進支之數目試即一千八百九十年計之

第一欵地之稅餉等項

批地銀一十八萬零一百七十元八毫六仙地與石塘三萬零八百九十七元三毫出批地紙銀四百三十元

第二欵各租餉等項

租街市連層房及牛房銀八萬三千五百九十二元六毫三仙士屋宇租銀二百廿六元碼頭租銀一千三百八十九元一毫八仙士騎樓租銀三百六十八元三毫九仙士

第三欵各牌照等項

酒牌共領銀四萬八千二百零四元六毫三仙士當押領牌銀一萬六千一百元正投夜冷牌銀二千一百元船上搭客經紀牌銀一千四百元正戲臺牌銀一千三百元正洋藥牌銀四十七萬七千六百元正住客店牌銀一百五十元正報嫁娶牌照銀三百六十三元仵作牌照銀一百三十元錢銀找換牌銀六百九十元

舖館牌銀八百八十五元打飛鳥牌銀四十五元賣軍器牌銀一百九十元

第四欵各錢糧等項

印捐銀一十八萬零三百八十五元四毫六仙士估價稅餉銀四十一萬四千三百九十二元九毫五仙士

第五欵信資項

信資銀一十四萬八千四百五十九元九毫八仙士

第六欵各罰欵及充公等項

罰欵銀一萬二千六百四十五元零三仙士充公銀四千七百四十八元六毫七仙對審堂費銀一萬六千一百六十元零五仙

第七欵各衙門應收之費

葬山銀一千零四十七元五毫渡船註册銀二萬二千三百九十七元七毫五仙

艇仔註冊銀四千六百三十一元五毫貨艇註冊銀六千二百七十二元五毫小販牌銀七千八百九十七元五毫貨艇船照銀一千一百九十二元五毫業主報冊銀一千七百六十一元七毫五仙士官員簽字銀一百四十二元五毫地紙掛號銀三千九百四十五元二毫五仙蛋戶冊銀一萬零八百三十元考船主銀二千一百三十五元量船銀九千零六十元八毫七仙輪船報冊銀二百七十八元車轎牌銀二萬零三百二十八元四毫凡屬有限公司報冊銀二千九百八十元四毫醫生驗搭客銀一萬三千零九十六元七毫五仙報生冊銀九十七元二毫收回燈塔銀七萬二千零二十八元三毫三仙火船仔牌銀四百二十二元五毫量火船仔銀九百九十五元代理家產佣銀六千二百六十元零七仙士各行字號嘜頭銀九百三十六元八毫五仙艇仔載搭客牌銀三百三十五元藥料報冊銀五元業主請領進屋銀二千一百八十七元

第八款招投買皇家物業項

招投充公貨物銀五千八百六十四元四毫四仙

第九款收回代支銀項

收回巡差醫費銀一千一百三十元六毫六仙收回水手入監米飯銀四百四十九元零二仙收回水手醫費銀一萬五千二百八十六元三毫五仙收水師提督簽題醫院銀一千九百二十九員六毫八仙收回監犯當工銀五千一百五十員二毫八仙收回紙料印費銀一千二百六十五員正收回監房費用銀九百五十一員六毫收回英皇家驛務署助費銀三千四百零八員收回皇家賣轅門憲報銀五十二員五毫收回皇后書院脩金銀一萬一千八百三十七員五毫收回女書館脩金銀二百員五毫收回巡捕廳貨倉貨銀二千三百三十九員六毫四仙扣回巡差工銀二千一百七十六員一毫

第十款息項

息銀六千四百五十一員三毫四仙

第十一款雜項

火藥棧租銀五千二百二十三員二毫六仙鑄中員毫子五仙利益銀九萬零二百一十七員八毫七仙投糞銀一萬九千七百四十員雜項來銀七千二百六十七員四毫八仙總共收稅餉銀一百九十九萬五千二百二十員四毫七仙

支數第一款列左

支督憲衙門內俸銀三萬八千三百七十八員三毫三仙

支輔政司衙門內俸銀二萬七千七百七十七員五毫三仙

支考數署內俸銀一萬一千四百八十一員六毫一仙

支庫務署內俸銀一萬一千五百三十九員七毫

支議政定例局書啟俸銀一千三百五十四員零一仙
支工務署內俸銀六萬二千三百七十三員八毫一仙
支水務局內俸銀一萬九千五百三十二員五毫一仙
支驛務署內俸銀三萬九千八百二十二員七毫三仙
支華民政務司署內俸銀一萬九千三百七十員二毫九仙
支船政廳內俸銀五萬零七百六十六員六毫七仙
支燈塔費用及薪水銀五千二百七十二員三毫八仙
支天文司署內俸銀一萬五千零零零九毫四仙
支印捐局內俸銀四千六百五十六員六毫九仙
支公家花園寫字樓內俸銀八千零七十五員六毫九仙
支臬署內俸銀六萬五千四百五十二員五毫一仙

支傳教神父俸銀五千四百三十五員五毫八仙

支監督學院及皇后書院內俸銀四萬四千七百一十九員七毫七仙

支國家醫院內俸銀三萬六千一百三十一員二毫五仙

支巡理府內俸銀一萬九千四百一十六員八毫六仙

支巡捕廳內俸銀一十六萬五千三百三十二員七毫八仙

支監獄司署內俸銀三萬一千九百八十九員八毫六仙

支滅火局內俸銀一萬三千三百七十八員八毫

支潔淨局內俸銀五萬二千八百一十九員一毫九仙

支數第二欵列左

支庫務署費用銀五千二百八十七員六毫六仙

支驛務署內費用銀七萬五千五百七十五員四毫

支公家花園內費用銀一萬二千七百五十二員五毫
支臬署內費用銀三百三十二員三毫
支傳教神父寫字樓費用銀一千二百二十員正
支監督學院及皇后書院費用銀二萬三千四百七十四員九毫八仙
支國家醫院內費用銀三萬六千九百五十九員一毫二仙
支巡理府內費用銀三百八十四員正
支巡捕廳內費用銀四萬八千九百九十員五毫一仙
支監獄署內費用銀二萬三千三百六十六員六毫二仙
支滅火局內費用銀四千三百三十五員七毫九仙
支深淨局內費用銀一千零九十員八毫
支長糧及各賞賚銀五萬一千六百一十九員三毫一仙

支施給銀三千八百五十六員六毫七仙
支解差費用銀七千六百九十九員二毫一仙
支建造屋宇銀五萬三千五百一十五員二毫六仙
支整街道橋梁銀四萬五千二百九十九員八毫八仙
支雜項費用銀一十五萬七千四百七十八員七毫四仙
支兵家費用銀一十二萬四千六百四十六員九毫六仙
支給國債及息銀八萬九千八百七十七員八毫五仙
支國家工務銀三十九萬七千五百零七員四毫二仙

總共支銀一百九十一萬五千三百五十員四毫七仙

是年一千八百九十年稅餉進銀一百九十九萬五千二百二十員四毫七仙總共支銀一百九十一萬五千三百五十員四毫七仙進投賣皇家地及別項二共

貯銀行銀一百一十二萬二千六百三十八員八毫支去銀一百一十八萬四千三百一十四員四毫半進貯銀行長期銀一千五百一十一員正支回長期銀一千一百六十五員三毫六仙進存上期銀二萬九千六百七十八員零四仙支去上期銀五萬九千六百二十三員五毫三仙進代各官差寄家用銀二萬四千零七十九員九毫支去銀二萬九千五百一十九員三毫五仙進鑄小員銀一百一十五萬四千七百五十七員四毫三仙支去銀一百二十五萬七千二百三十三員三毫二仙進滙票銀一十三萬二千四百七十九員二毫三仙支去銀八萬一千八百一十一員九毫進找換溢銀四千八百四十二員七毫一仙進祖家代辦各物銀一百九十一萬五千八百八十一員九毫八仙支去銀一百九十五萬六千九百二十九員九毫一仙進祖家代辦未收單銀二十萬零六千員正支去銀一十八萬四千員正進籌買新塡向海地段第十八號銀一十八萬五千四百六

十一員六毫四仙支去銀五萬一千五百七十一員九毫二仙進塡海餘銀六百八十八員零六仙進貨倉代定貨銀九萬三千八百零四員一毫支去銀一十三萬六千三百零五員八毫進上年存銀一十三萬四千六百五十三員二毫八仙是年除支各欵外尚存銀一十四萬三千八百七十員六毫三仙士量入以爲出雖未能餘三餘九亦可云生之衆用之舒矣

中西船務

香港以商務爲大宗、而商務視乎貨物、貨物視乎輪船、查西歷一千八百四十七年前、計西人之船出入口不過六百九十四艘、載貨不過二十二萬九千四百六十五噸。至一千八百六十一年時、是年出口輪船有一千二百五十九艘、載貨六十五萬八千一百九十六噸、入口輪船有一千二百八十六艘、載貨六十五萬二千一百八十七噸。至一千八百七十一年時、輪船出口有三萬四千五百五十艘、載貨三百三十六萬零六百二十二噸、入口輪船有二萬八千六百三十五艘、載貨三百一十五萬八千五百一十九噸。至一千八百八十一年、是年出口輪船有二萬七千五百五十三艘、載貨四百五十三萬三千三百零四噸、入口輪船是年二萬七千零五十一艘、載貨四百四十七萬五千八百二十噸。至一千八百九十一年時、是年輪船出口有二萬七千一百五十七艘、載貨六百七十七萬三千二百四十三墩。是年入口輪船二萬六千九百五十三艘、載貨六百七十六萬八千九百一十八墩。統計輪船之數內每百艘有五十三艘屬英商、三十一艘屬華商、餘十六艘屬各處洋人。香江水道為各埠通津。去廈門二百八十英里、行船三十六點鐘。去檳角一千四百五十英里、行船八日。去新金山之鼻厘士濱有五千三百六十英里、行船三十日。去省城八十英里、行船六點半鐘。去日本之神戶一千六百二十九英里、行船九日。去小呂宋六百二十英里、行船三日。去澳門四十英里、行船三點半鐘。去北京一千六百一十五英里、行船十日。去西貢九百一十英里、行船三日。去上海八百英里、行船四日。去新架坡一千五百英里、行船七日。去新金山之雪梨埠五千七百英里、行船二十九日。去舊金山六千四百八十英里、行船三十七日。去渾春一千九百英里、行船十日。去日本之橫檳一千六百二十英里、行船七日。船隻之往來莫多於香港。鐵行輪船公司及法蘭西輪船公司、每禮拜有郵船往來英京德國輪船公司勿者士行代理每月有郵船往來德國及香江花旗輪船公司有郵船往來舊金山及香港昌興輪船公司有郵船往環高華砵連阿利近及麥士近。太古行代理之氈拿彌威機順輪船公司及衣治文士輪船公司常有輪船往來新金山等埠。并有招商局輪船公司、渣甸洋行、太古洋行、朙洋行、瑞記洋行、德忌利士洋行、禪臣洋行、架剌威治洋行、天祥洋行、新旗昌洋行、舊沙宜洋行、些剌士洋行、常有輪船往來別埠。唐人渡船出入口、每年約有二萬餘艘、載貨不止一百五十餘萬墩、在港渡船、俱往來省澳及各處內地、小輪船約有一百隻、其四十七隻曾經領照載客往來、其五十三隻是私家、其五隻是皇家五隻是兵家。凡唐人出洋、必先在船政廳點名、總計往新架波庇能居多、西歷一千八百八十六年有六萬四千五百二十二人、一千八百八十七年有八萬二千八百九十七人、一千八百八十八年有九萬六千一百九十五人、一千八百八十九年有四萬七千八百四十九人、一千八百九十年有四萬二千零六十六人、其出口人數所以少之故、緣新舊金山及檀香山不準人往、且新架坡庇能錫務日低、是以不無今昔之殊云。至貨之多寡、港無關口之設、是以難稽其數、所可知者、惟生洋藥每年入口有五萬八千四百二十九箱、出口有五萬七千九百九十八箱、區區香港而通商之埠以此爲最。

中西商務

港地因居民日多是以商務日起雖盈虛衰旺委之適然然合數年會計仍覺日勝一日計通港商務以船務爲大宗而船務之繁多前已詳言之矣港地不抽稅餉與古人之廛而不征者暗合惟無稅餉之抽是以出入口貨並無報章之設因而無從稽考然舉其大畧約有四千萬磅之譜貨則洋藥棉花油糖麵粉鹽米羽紗毛絨五金磁器琥珀象牙檀香檳榔菜蔬雲石青石居多餘難盡錄計唐人之往新架波庇能霹靂印度般鳥暹邏安南者實繁有徒年中不下十餘萬其保平安者有洋面陸路之燕梳如中外衆國保險公司中華火燭燕梳公司香港火燭保險公司萬安保險公司安泰保險公司那千拿保險公司於仁洋面保險公司洋子燕梳公司或保洋面或保陸路各從其便更有十餘家托洋行代理者各銀行消流暢旺則以香港上海銀行爲最渣打銀行次之外此則有大東惠通銀行

有利銀行中華滙理銀行佛蘭西銀行泰豐銀行其簽發之通用銀紙由一千八百八十七年至一千八百九十一年計一千八百八十七年簽發通用銀紙五百零五萬二千四百七十三員存倉現銀二百三十六萬二千八百三十三員一千八百八十八年簽發通用銀紙五百七十五萬九千八百七十五員存倉現銀二百六十六萬員正一千八百八十九年簽發通用銀紙六百零三萬四千九百八十四員存倉現銀二百五十五萬二千五百員正一千八百九十年簽發通用銀紙六百零七萬三千三百三十二員存倉現銀二百七十七萬五千八百三十三員正一千八百九十一年簽發通用銀紙六百零五萬零一百二十二員存倉現銀二百六十五萬零八百三十三員正是年鑄出通用中員二毫子一毫子半毫子一仙總計有七百二十一萬六千一百二十五員製造機器遞年有加糖局三間若中華火車糖局設在鵝頸若太古糖局設在側魚涌若渣甸糖局亦在鵝頸

雪廠一間設在鵝頸打纜公司一間設在西灣鋸木房一間設在鵝頸絲局一間設在堅利德城香港磚瓦公司一間設在香港仔大成紙局一間設在筲箕灣香港煤氣公司一間設在西營盤電燈公司一間設在灣仔唐人之工作則如煮洋藥吹玻璃製銀珠製白油淹牛皮染料房製豆豉製牙粉製火柴製呂宋烟裝船裝艇船澳濶大妥當名爲香港黃埔船澳該公司有三船澳其二在九龍其一在香港仔九龍內有兵家船澳雖極大之戰船俱可修整九龍之兵家船澳長計五百尺上濶八十六尺下濶七十尺深廿九尺第一號之黃埔船澳長三百四十尺濶七十四尺深十八尺第二號黃埔船澳長二百四十五尺濶四十九尺深十三尺另有小船澳長二百五十尺濶六十尺深十一尺大角嘴之船澳長四百六十五尺濶八十五尺深二十尺香港仔之船澳長四百三十三尺濶八十四尺深二十四尺另有纜文船澳長三百四十尺濶六十四尺深十六尺雖極大之船隻常

有在港澳修整舟車所至信乎無遠不居矣唐人貿易其多財善賈者則有若南北行約九十餘家次則金山庄約有百餘家次則銀號約三十餘家寫船館約二十餘家磁器鋪約十餘家呂宋烟鋪約有六七家煤炭鋪約有五六家建造泥水鋪約有五十餘家花紗鋪約有十五六家麵粉鋪約有十二三家金銀首飾鋪約有十六七家生鴉片鋪約有三十餘家當押鋪約四十餘家米鋪約三十餘家茶葉鋪約二十餘家疋頭鋪約五十餘家餘則有洋貨鋪傢私鋪銅鐵鋪日本庄席包鋪裁縫鋪藥材鋪油豆鋪油漆鋪映相鋪寫真鋪籐椅鋪硝磺鋪辦館酒館硍硃鋪鐘表鋪木料鋪尚有別項生意難以盡錄而生意之熱鬧居然駕羊城而上之矣

中西醫所

港地國家醫院設在西營盤與高陞戲院相對是醫院乃調理皇家人之有病者外人有病亦可入院調理每年就醫者約有二千之譜以一千八百九十一年計之差役就醫者有五百七十名商人就醫者有一百三十五名自備藥資就醫者有四百六十四名皇家人員就醫者有一百七十九名打鬬致傷由巡理府發落就醫者有二百四十名窮民無靠入院就醫者有二百七十九名是年統計入院就醫者有一千八百六十七名再以五年比較亦不相上下一千八百八十七年至一千八百九十一年每年計一千八百八十七年入院就醫者一千六百五十六名在院身故者八十九名一千八百八十八年入院就醫者一千七百七十二名在院身故者八十名一千八百八十九年入院就醫者一千七百九十三名在院身故者七十七名一千八百九十年入院就醫者一千九百五十七名在院身

故者九十八名一千八百九十一年入院就醫者一千八百六十七名在院身故者八十四名國家病寮在抱所以養民之生恤民之死者洵無微之不到矣至於驗尸由一千八百八十七年至一千八百九十一年每年統計所驗尸骸一千八百八十七年共一百一十五名一千八百八十八年共六十三名一千八百八十九年共七十六名一千八百九十年共一百零一名一千八百九十一年共五十九名是蓋不得其死或症之介在可疑者故必欲窮其端倪不使有無枉無縱非矜察察爲明也雅麗氏醫院創自一千八百八十七年迺港紳何君啟所捐其夫人名雅麗氏去世後建此以誌其思慕之忱在荷李活道距皇后書院不遠今則與那打素醫院合而爲一俱志在救濟飲助則耶穌教會中人居多華商簽題者亦不少以何君啟庇君厘剌士爲董唐人就醫者屢見功效每月有報章呈列俾衆共覽東華醫院建在寶仁街太平山四約創於一千八百七十二年二月專爲

唐人之貧而病者設其診脉則用唐醫服藥則用唐藥事務由各行遞年推舉總理十二位值理四十位以安撫華民政務司爲首每年捐助不下數萬元華商各店工件其病起頃刻及貧民之無力延醫者俱就醫於此頗見誼關桑梓之情

民籍練兵

計西歷一千八百四十一年時居民不過四千人半是漁父半是農夫英屬九龍不過八百人。至一千八百四十二年時增至二萬三千人至一千八百六十一年時增至十一萬九千三百二十一人至一千八百七十一年時增至十二萬四千一百九十八人至一千八百八十一年時增至十六萬零四百零二人至一千八百九十一年時增至二十二萬一千四百四十一人。查其册部所註歐洲及美洲人有八千五百四十五人別處之洋人有一千九百零一人唐人共有二十一萬零九百九十五人合共內計男丁一十五萬七千五百八十五人女口六萬三千八百五十六人水面居民有三萬二千零三十五名以荒僻之島五十年間林林總總至二十餘萬人成一富庶之區誠出人意計外者雖曰人事豈非天意生死之數大約每年每千人添八名之譜每年每千人去廿三名之譜試即西歷一千八百九十年而論西人生者一百六十七名內計八十二名是男口八十五名是女口西人死者一百八十八名內計男一百三十二名女五十六名唐人生者一千四百五十名內計八百零四名是男口六百四十六名是女口死者四千三百六十五名內計二千五百九十名是男口一千七百六十九名是女口六名不知男女以人數比較一千八百八十一年有一十六萬零四百零二人較之一千八百九十一年有二十二萬一千四百四十一人其十年之間增多六萬一千零三十九人將一千八百九十一年人數分類歐美二洲商賈官紳有四千一百九十五人陸路軍營有一千五百四十四人水路軍營有一千三百五十六人巡差有一百五十七人歐美二洲之船上水手有七百六十四人歐美二洲之兵船有四百五十三人遊客有五十三人犯人卅三人共計歐美二洲人有八千五百四十五人印度及別處之亞西亞洲之洋人有一千二百零六人印度人之當陸路軍

舊者二百一十五人印度人之當巡差者二百二十四人當船上水手者二百五十二人犯人四名總計洋人有一萬零四百四十六人唐人二十一萬零九百九十五人前計歐美二洲之西人一千四百四十八人屬英人二千零八十九人屬葡人二百零八人屬德人九十三人屬美人八十九人屬法人八十八人屬日斯巴尼牙人三十八人屬意大利人三十一人屬土意其人二十六人屬新金山人二十六人屬瑞典國人十六人屬大丹國人有四十三人不知何國人居香港中上下三環及山頂等處約有一十四萬四千三百人居英屬九龍約有二萬零六百人餘則居鄉村及水面矣統前三四十年而計每年大約每百人加多三人之譜一年內大約多七千人之譜自開港以來陸盜固多水盜尤多刼案層出街紙之設自此始也蓋設於西歷一千八百四十三年水賊據香港之口出沒非常於一千八百五十四年時刼一兩枝半桅船名江高地夏者由舊金山回澳路經海

口內有搭客乃舊旗昌洋行之東主名北連爲其所殺一千八百七十四年輪船名士北來往香港澳門亦爲所刧一千八百八十四年輪船名忌厘犒由香港起程離港不遠亦爲所刧又一千八百九十一年時輪船南澳離港不過五十英里亦爲所刧近日則官憲認眞嚴辦差役認眞稽查如省有刧案其以香港爲淵藪者一行文即可移解如港有刧案其以省城爲巢穴者一行文即可代辦中外同心盜風始息香港有大炮臺二守兵計有二百五十三名外有一隊是兵家丈量師一百五十九名有一隊是炮兵一千零三十八名有四隊是印度炮兵一隊是兵家機器師八隊是印度步兵三共三千五百零七名總兵者三專司軍務理大炮房者六理大炮機器者三理軍器者三隨營醫生者十七統共二千九百八十九名有一隊是團練民兵近十二年間始創惟現勢未厚集將來亦可作干城之選海口炮臺稠密堅固俱以來路泥爲之昂船洲之炮臺三西環之炮臺二五炮

臺守香港西路之入口是蓋船隻所必經者又有一炮臺在列治門山頂直瞰秀路化海道其東道則鯉魚門炮臺二又有紅磡兩炮臺以輔之守香港東道之入口敵船縱能飛渡鯉魚門之炮臺亦不能飛渡紅磡之炮臺其最堅固者尤尖沙嘴之炮臺守香港中路所有炮臺俱快藥滿儲外此有鐵甲戰船名威垣有二千七百五十墩大載大炮四尊小戰船二一名衣昔一名地屈每載大炮三尊水雷船四其接濟之船乃兵家躉船名域多意文鶩灣在打波地對面船爲兵家總船軍器廠乃修整兵船之所在兵房之東工役人等常有千百之多至今則英屬九龍尤爲屯兵之地

街道樓房

港地風景屋宇光明街衢潔淨十步五步之間植以樹木涼爽宜人洵足令遊人寓目騁懷樂而忘返者西人庄口俱萃於中環由砵典乍街至操兵地之間上環與西營盤俱屬唐人舖戶下環則營兵房屋及唐人住眘另唐人鐵廠數間公家花園距督憲署不遠建在城之中園中層層佈置每層俱時花點綴第二層設一水景時有西人之孩子及僕婢等在此乘涼每當夏天三伏夕陽西下之時西樂每奏於此雖異鄉之樂而洋洋盈耳頗覺暢懷園中有養鳥巢及果子園石櫈木櫈安置於大樹之下園中景色可坐而覽第三層有古銅所鑄制軍像一制軍爲堅利德於一千八百七十二年至一千八百七十六年時爲本港督憲多善政後人思其遺愛題錢以鑄其生像用表甘棠之愛其像俯視水景鬚眉活現一千八百八十七年時傅制軍親爲之點題云園屬花房司管理園在城區之中各行人

等俱便於遊覽且境致曲折如遊山陰道上令人應接不暇雖歷點鐘之久亦無倦志者以境之不能一覽而盡也本城書樓足擅香江之勝乃一千八百六十六年公衆題錢而建皇家每年助銀一千二百員以供費用樓中有壯麗之戲臺有寬廠之廳房西人於此極式歌且舞並作公衆聚會之區書樓一所所藏俱屬貴重奇書博物院一所若中若西若男若女若老若幼若貴若賤俱可入內遊觀珍禽奇獸目不暇給樓之正面水景一座乃本港商董未士尊甸所送其時一千八百六十四年八月事也書樓之東有極濶坦之區中有一路將此地分而爲二路之南爲操兵地路之北爲打波地地內有亭爲打波者休息之所四面週以曲欄地上之草蒙茸可愛修短合度洵屬佈置井井有條不紊督憲府第在辯正教禮拜堂之再進一層內有波樓及餐房客廳尤極華麗北面一望香江之海道如在目前其南則域多厘山旁徑直通公家花園公餘之暇尤堪觸景怡情將軍府第

在辯正教禮拜堂之東距兵房不遠督憲署在辯正教禮拜堂之左樓分兩層其上爲督憲署及輔政司署議政定例兩局亦在焉其下爲工務署樹木千章森森濃蔭雖夏日幾忘其暑上海銀行與博物院相鄰樓頂圓蓋柱墻俱石堅固異常其壯麗爲香港之冠驛務署在中環皇后大道左爲必打街右則臬署樓上則庫務署附信者由正門進取信者由橫門入大鐘樓在必打街口大鐘樓居中將街口分而爲二此樓乃闔港簽題所建鐘則送自德忌利士行其時爲一千八百六十二年事也臬署在中環與新公司相對樓亦兩層其上爲臬署其下則華民政務司及皇家大小律師等署新公司樓建三層騎樓亦極寬展鋪陳明淨書樓尤極繁華官紳富商多會於此無賓主之拘頗稱利便德國會館在雲咸街西洋會館在些利街巡理府巡捕房監獄署三衙門地勢間於荷李活道及亞畢諾道之間形如品字由砵典乍街直上便是巡捕房之正門天文臺建在九龍一千八百

八十四年所建凡有疾風雷雨必先報警使各船戶知所趨避皇后書院在荷李活道建時費帑二十萬有餘屋宇光明樓臺高廠足壯觀瞻庇厘剌士女書塾創自去歲與皇后大書院斜對其壯麗亦與大書院相匹羅馬堂書院建在羅馬教禮拜堂之上保羅書院建在忌連厘街亦頗濶大拔萃書院建在西營盤船政廳建在海傍之西專司船隻來往事務辯正教禮拜堂建在操兵地直上之道設有高塔一座一千八百四十七年時所建也中可容八百餘位羅馬教禮拜堂建在花園道一千八百七十六年時所建也於仁禮拜堂建在堅利德道必打禮拜堂建在西營盤與水手館隔隣其教友多屬行船中人云酒店以香港大酒店爲巨擘其深處由皇后大道通至海旁樓設六層內有餐房及波樓住房多至百餘間高矗青雲登樓者不異置身雲漢亦且華麗異常域多厘酒店在中環亦有餐房波樓住房四十餘間其東主則打笠治及典記山頂則有阿士甸酒店在域多峽

之上由海面計有一千四百尺之高搭火車上十五分鐘可到亦有餐房波樓住房等地香江地勢欹斜度地居民者不得不因勢而利導之其由東至西長約四英里有餘由南至北濶約半英里有餘海傍之路濶五十餘尺週環海口惟兵房及軍器廠是處獨截然中斷地近海濱便於上落故貨倉貨棧俱聚於此步頭約有數度或皇家或商家如必打步頭則屬皇家由必打步頭而西則德忌利士輪船公司步頭則屬商家再行數百碼則有太古行漢口輪船步頭再行百餘碼則有香港省城澳門輪船公司步頭餘數步頭則小輪船及渡船灣泊以爲起落貨物及上落搭客之所海傍分而爲三一中一西一東計中由博物院至船政廳止約有一英里西由船政廳起至堅利德城止東由博物院起至鵝頸止皇后大道爲香港街道之衝繁者由東至西有四餘英里其中則西人麕集之區所有銀行及各國富商在焉其東則軍器廠及兵房此外與西皆唐人貿易地方雲咸街在

新公司之側至忌連利街是處有德國會館德臣中西新聞紙館孖剌中西新聞紙館士蔑西報及牛奶房忌連利街由雲咸街起直行橫穿堅道至羅便臣道止是街濶大通爽兩傍樹陰夾道至頂則公家花園堅道由忌連厘街起程至文咸道止堅道口則羅馬教禮拜聚會之堂意大利淹姑娘菴清修之所大呂宋巴禮倫敦教會堂俱在於此屋宇繁華樓臺高聳西國富商多家於此由今迴想在昔三十餘年前以此地爲高人一着孰意地靈人傑寸土寸金設想有更上一層者羅便臣道在堅道之上由海面起計約三百餘尺由山頂道至列治文上街止論香港城一帶之道由東至西其地勢之高者以此路爲最花園道由中環操兵地起先經辯正教禮拜堂轉折而西則爲火車站直上則公家花園之東至寶雲道止再轉而右至羅便臣道止了路彌上道直至花園道止其左則公家花園其右則督憲府第堅利德道長約一英里有半由海面起計約有一百五十尺高臨流

遠望水影波光眼前則是不減吳道子之臥遊且其以此名道也襲前督憲之名以誌思慕之情十年前港人每於禮拜日下午夕陽在山時結隊遊行聊寓玩物適情之意云寶雲道取名亦有故以前督憲名故亦以誌去思之意由花園道起循東直去至黃泥涌上道止其紆曲約有四英里長寶雲道口有分岔差館寶雲道火車道極經於此下有大潭隔沙水塘此道由海面計有三百五十尺遊行者極見山澗之水百尺飛流耳得之而成聲者居然泉聲咽危石之勝馬架仙峽道由寶雲道起直循至山頂止由海面計有九百尺高向北一望海面之形勢盡括在目前從山背回南一望至大嶼山而止幷可望見驢耳海島此路雖極曲折然周遊迴覽應接不暇入目無非佳處如遊山陰道上云山頂道由了路彌上道始前行不遠先到忌連厘及堅道相連再行三百尺高則爲公家花園及羅便臣及了路賓利道再行百尺高則有西人娘子打波所轉右處再行百尺高則有皇后

花園花園之上則西人極壯麗之樓臺在焉再循路而左則爲皮連地順道由此道而右則爲域多厘峽離海面有一千二百五十尺高當火車路未創以前上山頂者多由此路。百步林道由西營盤水手館始紆迴曲折循山脚而行、經文咸道尾兩山相對、其一是摩星嶺、其一是域多厘山、唐人之寄葬者墳墓在摩星嶺之北、唐人之入教者墳墓、在摩星嶺之南、再繞山脚而行、是爲香港之極南、香港牛奶公司及佛蘭西潔淨教會在焉、另有西人屋宇數間、并有差館、外此則有唐人村落而已、由差館而左直上山頂、便是百步林水塘、其始以此水供闔港之用、今則設有大潭居水塘、此水塘祇以佐其不足耳。再上則域多厘峽、落便轉東則爲香港仔村口、有黃埔船澳公司、村尾有大成紙局、異樣翻新、內有無窮奇巧機器、欲開眼界者、試入其中、一覽便可一目了然矣。再循香港仔而行則大木一林、香港之樹木以此爲繁盛、由此轉左是爲東道、直往至黃泥涌、止羊腸九迴、眞令人不能一覽而盡總而言之通港之地不外上中下三環計街道有三百五十餘条內有數十条濶踰五十尺餘亦濶踰十尺兩旁俱設明衢月則清除二次日則掃除二次時逢亢旱例撥銀三千員左右以爲水洒工費其不惜國帑如此亦足見其潔淨之認眞門牌止就每街而計人民之繁庶生意之暢流以皇后大道之中路西路東路爲最可稱商賈雲屯人烟雨集云

水道暗渠

水道之功程繁浩英官於此苦心經營非親歷其景者不知試周遊百步林及大潭启不特見其心思之奧巧幷可知水源之曲折層出足供一港之用眞有令人匪夷所思者憶昔港地初開之始居民於山之溪澗滙流入坑處恆藉以取汲一交冬令每虞旱涸不得不設井泉以助之而仍覺其艱辛蓋水未經幼沙以隔之則腐鼠僵虫水多積穢飲者大爲不便迨至一千八百六十年時制軍羅便臣潛心默運思所以濟通港之用者立懸賞格有能佈置得宜繪水塘之跡者賜銀一千元有兵家機器師盧令士應其選而百步林之水塘始建潤有四百一十六畝食水可貯六千八百萬加倫水勢之力由水塘計遠則透至兩英里由水面計高則灌至四百六十尺一千八百八十七年百步林水塘建就計港地居民二十一萬有餘水之供給居民每日每人可供約六加倫之用迨後居民旣衆而居山

項者復竇繁有徒而百步林之水始不足於用一千八百八十八年相地經營新設大潭居水塘離城約五英里於羣嶺滙流之處仰承其勢設一水筒長有二千四百二十八碼接水而流入大潭居水塘千支萬派滴滴俱歸每日可供給食水二百五十萬加倫計每加倫約七斤半水塘濶七百畝可貯水三萬萬加倫之多一千八百九十年百步林復設一隔沙水池可貯食水一萬加倫此數件工程竣工後港地雖極亢旱而有數水塘之供應每日足供三百萬加倫水一千八百九十一年復設分流以便居民接濟於各街道之衝繁處並設水櫃五十餘個凡窮民屋宇之未有水喉者取之不禁於文咸道亞畢諾道花園道三處設有機器水廠以便灌水上山供山頂居民之用皇家設有水票凡居民除日用食水外其藉以經營貿易者俱照水票計納囘稅餉與皇家概不得濫用隱寓樽節之意云港地屬英五十餘年矣而一千八百八十三年以前暗渠一道未臻盡善不無遺憾

是時港憲關心民瘼，深慮積穢之壅塞，鬱抑而成癘疫也，疏陳英廷，後理藩院，着欽差察域查辦此事，察域覆奏力陳暗渠規制近古，不合時宜，欲舍舊而新是謀，特設潔淨局，專司潔淨一事，局紳十人，四人在官，其餘二由民間公舉，四由督憲派差，內二人屬唐，二人屬西，衙道既一律更新，香港可稱爲東道之淨土，不減於英京，以昔之暗渠欲洗滌而無自，今之暗渠則清除而不難，疏之濬之，隨時而可舉行，其始先改上中下三環，漸而山頂，繼而紅磡、九龍，終而小村各處，次第畢舉，盡善盡美，信乎法積久而大備，後來居上矣。

中華印務總局承刊

華英書塾

英廷不惜巨帑養育人才無分畛域原爲華民而設計通港以皇后書院爲最教習華英文字生徒約有千餘大半多屬華人英文功課分爲八班每班又分三等第一班束脩每月三員第二三班束脩每月二員第四班至第八班束脩每月一員唐文亦分八班院中所有費項俱屬皇家支結院地建在荷李活道上一千八百八十九年七月十號進院其始名中環大書院今改名爲皇后大書院羅馬堂書院建在羅馬教禮拜堂上就學者俱屬葡萄人由羅馬教神父掌理專教英文拔萃書院建在文咸道下西營盤第三街就學者俱屬本港土人專教英文間亦涉獵於唐文此書院乃英國禮拜堂所創由每年推舉紳董辦理以牧師包爾騰爲總理保羅書院建在忌連厘街就學者多屬唐人亦專教英文牧師包爾騰爲掌院庇利剌士女書塾建在荷李活道卽舊大書院之所地爲皇家地而創建之

費皆出自庇利剌士經營既畢送出皇家於一千八百九十三年十二月十八號進館館內英書分爲六班女掌教二位女帮教二位唐書先生三位其二是男其一是女幷有中西針黹教習女生徒約三百五十餘人脩金每月半員書籍之項由皇家供給計書館之由皇家供給或皇家帮助或因其人才之優劣考試後以獎賞爲帮助者統而計之一千八百八十九年共有九十九間一千八百九十年有一百一十二間一千八百九十一年有一百一十七間凡生徒之入館肄業者實繁有徒一千八百八十七年入皇家書館者一千八百一十四人入以獎賞爲帮助書館者共四千一百六十人共有五千九百七十四人一千八百八十八年入皇家書館者一千九百三十三人入以獎賞爲帮助書館者有四千三百廿五人共六千二百五十八人一千八百八十九年入皇家書館者有二千二百九十三人入以獎賞爲帮助書館者有四千八百一十四人共七千一百零七人一千

八百九十年入皇家書館者有二千五百一十四人入以獎賞爲帮助書館者有四千六百五十六人共七千一百七十人一千八百九十一年入皇家書館者有二千五百四十人入以獎賞爲帮助書館者有五千一百三十二人共七千六百七十二人大約不過五年之間而年多一年足見文風之盛日上蒸蒸其與夏之校殷之序周之庠豈不同此景運之隆哉凡所有皇家書館費用除脩金外一千八百八十七年皇家撥銀四萬三千零七十員九毫一千八百八十八年皇家撥銀四萬五千五百一十八員九毫三仙一千八百八十九年皇家撥銀四萬四千三百二十一員九毫八仙一千八百九十年皇家撥銀五萬六千零八十一員七毫五仙一千八百九十一年皇家撥銀六萬零三百五十九員一毫皇家費用如此其鉅亦足見其善誘之苦心矣所有通港皇家書館俱歸監督歐德理管理皇家所用之書啟繙譯通事等多由皇后書院挑出此足見皇后書院人才之盛皆

由掌院黎碧臣之栽培也。得英才而教育之，惟掌院有焉。

港則瑣言

僱轎夫及艇例如在域多厘城內計則每僱一轎用轎夫二名半點鐘則銀一毫一點鐘則銀二毫三點鐘則銀五毫六點鐘則銀七毫由早六點鐘至晚六點鐘是為一日則銀一員如域多厘城外計用轎夫四名一點鐘則銀六毫三點鐘則銀一員六點鐘則銀一員五毫一日則銀二員如在山頂計用轎夫二名半點鐘則銀一毫半一點鐘則銀三毫三點鐘則銀七毫半六點鐘則銀一員一日則銀一員半用轎夫四名一點鐘則銀六毫三點鐘則銀一員六點鐘則銀一員半一日則銀二員如僱轎夫二名而過域多厘城外者則銀加半凡東洋車所經之地西至摩星嶺山脚東至銅鑼環高則至羅便臣之平陽道如過界外則回頭時加半如僱多一名人及行多一點鐘俱照數計每行十五分鐘即一骨之久則錢五仙士半點鐘則銀一毫一點鐘則銀一毫半餘每加鐘一點即加銀一毫如僱小

艇每半點鐘載客二位則銀一毫一點鐘載客二位則銀二毫半點鐘內加多一客則加錢五仙士一點鐘內加多一客則加銀一毫如日入時至日出時是爲夜候每客加錢五仙頭等貨艇可以載貨八百担以上者或每日或每夜以十二點鐘計艇銀十員或載一儎艇銀五員二等貨艇可以載貨四百五十担以上至八百担爲額者艇銀五員或載一儎艇銀三員三等貨艇可以載貨一百担以上至四百五十担爲額者艇銀三員或止載一儎艇銀二員四等貨艇止可載貨一百担以下艇銀一員半或止載一儎艇銀一員街上挑夫每日銀三毫三仙半日銀二毫三點鐘銀一毫二仙一點鐘錢五仙半點鐘錢三仙報警鐘之例凡港地火燭必先打明點數如鐘數一敲則知爲灣仔與下環如鐘數兩敲則知爲中環三敲則知爲上環及西營盤中環由兵房至船政署爲界敲明點數復亂敲至五分鐘之久天文臺報風雨之例凡風雨將與天文師必先報警如竿上懸一鼓則知

風雨在港之東竿上懸一波則知風雨在港之西如竿上懸一竹笋之形其尖處上向則知風雨在港之北其尖處下向則知風雨在港之南竿上懸有紅旗則知風雨在港三百英里外竿上懸有黑旗則知風雨在港三百英里內若在夜候則懸有燈籠其燈籠用兩相串者則知現時已有風雨其燈籠用兩相對者則知現時風雨將止兼有鳴炮報警如炮聲一響則風雨將作炮聲兩響則風雨已作炮聲三響則風雨大作

香港雜記終

玆奉

副安撫華民政務司師大老爺來函命更正如左

啟者前印之富國自强及香港雜記兩部書中指出夷字外國皇后英廷各字樣皆屬不合其夷字查和約內載明無論何處概不准用而印書尤爲不可英國無皇后之稱宜稱皇帝外國當寫西國至於　英廷　中廷均應一律抬寫何以抬　中廷而不抬　英廷之理乎種種破綻前經來署面晤自知汗顏今雖更正尚未盡善仍望詳細檢察妥爲繙正方可發售

更正

英皇后宜稱

英皇帝

所有

英廷二字例應抬頭

香港中華印務
總局仿聚珍板

書名：香港雜記（一八九四光緒原版）
系列：心一堂•香港·澳門雙城成長系列
原著：陳鏸勳
主編•責任編輯：陳劍聰

出版：心一堂有限公司
通訊地址：香港九龍旺角彌敦道六一〇號荷李活商業中心十八樓〇五一〇六室
深港讀者服務中心：中國深圳市羅湖區立新路六號羅湖商業大厦負一層〇〇八室
電話號碼：(852) 67150840
網址：publish.sunyata.cc
淘宝店地址：https://shop210782774.taobao.com
微店地址：https://weidian.com/s/1212826297
臉書：https://www.facebook.com/sunyatabook
讀者論壇：http://bbs.sunyata.cc

香港發行：香港聯合書刊物流有限公司
地址：香港新界大埔汀麗路36號中華商務印刷大廈3樓
電話號碼：(852) 2150-2100
傳真號碼：(852) 2407-3062
電郵：info@suplogistics.com.hk

台灣發行：秀威資訊科技股份有限公司
地址：台灣台北市內湖區瑞光路七十六巷六十五號一樓
電話號碼：+886-2-2796-3638
傳真號碼：+886-2-2796-1377
網絡書店：www.bodbooks.com.tw
心一堂台灣秀威書店讀者服務中心：
地址：台灣台北市中山區松江路二〇九號1樓
電話號碼：+886-2-2518-0207
傳真號碼：+886-2-2518-0778
網址：http://www.govbooks.com.tw

中國大陸發行　零售：深圳心一堂文化傳播有限公司
深圳地址：深圳市羅湖區立新路六號羅湖商業大厦負一層008室
電話號碼：(86)0755-82224934

版次：二零一九年四月初版，平裝

心一堂微店二維碼　　心一堂淘寶店二維碼

定價：港幣　九十八元正
　　　新台幣　四百四十八元正

國際書號 ISBN 978-988-8582-54-9